DISCOURS

PRONONCÉ AU MARIAGE

DE

MONSIEUR JOSEPH CUSSON

AVOCAT A LA COUR D'APPEL D'AGEN

ET DE

MADEMOISELLE LÉONIE CONTÉ

PAR

M. L'ABBÉ COULAU

CHANOINE HONORAIRE

AUMÔNIER DES FILLES DE LA CROIX

DANS L'ÉGLISE SAINT-FÉLIX D'AIGUILLON

LE 17 NOVEMBRE 1885

DISCOURS

PRONONCÉ

PAR

M. L'ABBÉ COULAU

CHANOINE HONORAIRE, AUMÔNIER DES FILLES DE LA CROIX D'AIGUILLON

DISCOURS

PRONONCÉ AU MARIAGE

DE

MONSIEUR JOSEPH CUSSON

AVOCAT A LA COUR D'APPEL D'AGEN

ET DE

MADEMOISELLE LÉONIE CONTÉ

PAR

M. L'ABBÉ COULAU

CHANOINE HONORAIRE

AUMÔNIER DES FILLES DE LA CROIX

DANS L'ÉGLISE SAINT-FÉLIX D'AIGUILLON

LE 17 NOVEMBRE 1885

JEUNES EPOUX,

Ce n'est pas sans une profonde émotion, que je viens bénir votre mariage. Tout, ici, impressionne vivement mon âme : cette église, si chère à mon cœur, parée aujourd'hui comme dans les grands jours de fête ; votre pieux recueillement devant cet autel de Marie, où tant d'époux chrétiens sont venus demander à cette Reine du Ciel sa puissante protection ; cette nombreuse assemblée , où se trouvent les familles les plus honorables d'Aiguillon et du voisinage ; enfin l'acte si grave et si important que vous êtes sur le point d'accomplir.... Oui , jeunes époux, tout cela m'impressionne et me dit que ce moment est des plus solennels.

S'il est, dans la vie de l'homme sur la terre, une de ces époques qui exercent sur tout un avenir une influence décisive , c'est bien l'heure du mariage. Heureux ou malheureux selon les dispositions de ceux qui s'y engagent, le mariage est toujours une source de joie ou d'infortune. Aux yeux d'une raison que la foi n'a pas encore éclairée de sa divine lumière , il se présente sous un aspect purement humain : c'est l'union de deux existences ayant pour objet des intérêts périssables, des jouissances d'un jour. Ainsi considéré , le mariage oublie sa céleste origine , méconnaît sa noble mission , trouble la famille et nuit à la société qu'il devrait servir. Et savez-vous pourquoi ? Parce qu'il porte alors avec lui un caractère de mobilité et d'inconstance qui en fait le fléau des bonnes mœurs, et le dissolvant le plus actif de la société. Le plus souvent , le caprice d'une passion l'a fait naître , un caprice aussi le fait mourir.

Jour du mariage : fêtes bruyantes, joies insensées, folle dissipation... Puis, après ces joies mensongères : déceptions, dégoût, chagrins domestiques, oubli des devoirs les plus sacrés.... Tels sont les fruits amers, mais malheureusement trop connus, de tant d'alliances qu'une pensée chrétienne n'a pas sanctifiées. Et je ne m'étonne pas que la société tout entière soit ébranlée jusques dans ses fondements. Un édifice croule , lorsqu'il repose sur une base fragile; et le mariage est la pierre fondamentale de l'édifice social. Si on le dépouille de son caractère sacré, il se trouve alors impuissant à soutenir une société que viennent assaillir sans cesse les plus terribles tempêtes. Si le monde peut être sauvé, il le sera par le mariage chrétien.

Qu'est-ce donc que le mariage chrétien ? « C'est, « nous dit Saint-Paul, un sacrement de la loi nouvelle, « une imposante figure de l'alliance immortelle qui « existe entre Jésus-Christ et son Eglise ». Saintes et admirables paroles du grand apôtre, qui nous traduisent, d'une manière énergique , la plus sublime des doctrines. Tout, en effet, est renfermé dans ces quelques mots : unité, sainteté, indissolubilité du lien conjugal. Unité dans le mariage chrétien, parce que Jésus-Christ est un avec son Eglise ; sainteté, parce que Jésus-Christ est saint avec son Eglise ; indissolubilité, parce que Jésus-Christ ne répudie pas et ne répudiera jamais la chaste Epouse qu'il s'est donnée sur le Calvaire.

Jeunes époux, appliquez-vous à vous-mêmes les enseignements qui découlent de cette doctrine. « Le mariage, nous dit l'apôtre, est un grand sacrement. » Les grâces qu'il renferme vont opérer en vous de nombreux, d'étonnants prodiges : elles vont élever, sanctifier et diviniser l'affection qui va vous unir. Elles vont la changer, cette affection, en charité ; c'est-à-dire, en un amour divin qui fait de deux âmes une seule âme, de deux cœurs un seul cœur. Et cela non pas pour un jour, mais pour toujours, parce que l'amour devenu charité ne connaît ni faiblesse, ni inconstance, ni dégoût : il ne meurt jamais.

« Le mariage n'est pas seulement un auguste sacrement ; il est encore, selon l'apôtre saint Paul, une figure de l'alliance de Jésus-Christ avec son Eglise ». Douces et suaves paroles, quel ravissant avenir ne révélez-vous pas aux époux chrétiens qui m'écoutent ! Ainsi, Jésus-Christ quitte son père pour s'unir à l'Eglise.... Epoux, vous devez tout quitter pour vous attacher à la compagne aimée, que le Seigneur vous donne en ce moment. Jésus-Christ protège l'Eglise, il la dirige, il la gouverne, il la conduit au ciel... Vous serez comme Lui le guide, le protecteur de votre épouse; vous lui montrerez le chemin de la Patrie d'en-haut, bien plus encore par vos exemples que par vos conseils. Jésus-Christ vit et meurt pour son Eglise. Vous aussi, vous vivrez pour votre épouse; pour elle s'il le faut, vous saurez mourir !

Ces devoirs sont héroïques. Cependant, tout en vous me fait espérer que vous les remplirez fidèlement : les sages et saintes leçons que vous avez reçues dans votre première jeunesse, d'une mère chérie, d'un père bien-aimé.... de ce père dont le nom a déjà retenti bien loin, mais dont la gloire sera surtout d'avoir si bien su élever et faire grandir une nombreuse et brillante famille, qui fait aujourd'hui le bonheur et le charme de sa vie. Vous-même, cher ami, je n'en doute pas, vous ajouterez un rayon de plus à cette auréole de gloire que vous laisse votre père. Ce qui m'en donne la certitude, ce sont les nobles facultés de votre intelligence et de votre cœur; la distinction de vos manières; l'heureux caractère dont le Seigneur vous a doué et qui, déjà, vous a conquis l'estime de tous ceux qui vous connaissent; enfin les sentiments religieux profondément gravés dans votre âme, et que vous avez su conserver au milieu de la dépravation de nos grandes cités. Toutes ces heureuses qualités me donnent l'assurance que vous ferez le bonheur de celle qui doit partager votre sort ici-bas.

Et vous, Mademoiselle, vous serez pour votre époux ce que l'Eglise est pour Jésus-Christ. L'Eglise aime Jésus-Christ d'un amour pur, d'un amour constant, que les épreuves n'affaiblissent jamais. Telle sera votre affection pour l'époux que Dieu vous a choisi. Vous lui serez soumise, mais d'une soumission pleine d'abandon et de confiance ; marchant à ses côtés comme la grâce à côté de la force, et la tendresse à côté de l'autorité. Si l'époux est le Roi du foyer domestique, l'épouse en est la Reine ! Vous chercherez sans cesse à faire son bonheur et sa joie; vous partagerez ses craintes et ses espérances ; vous répondrez à son amour par vos soins et votre sollicitude ; et c'est ainsi que vous ferez, à frais communs, le pèlerinage de la vie.

Je suis convaincu que vous serez fidèle à tous ces devoirs et que vous remplirez dignement la noble et sainte mission d'épouse chrétienne : votre passé me répond de l'avenir. Que de courage, que de vertu n'avez-vous pas montrés jusqu'à ce jour ! Au milieu des orages du monde, vous avez su guider votre fragile nacelle, éviter bien des écueils et arriver heureusement au port. Lorsque tout semblait fait pour vous séduire, votre cœur n'a jamais failli : vous avez toujours résisté aux plus grandes épreuves. Qui donc vous a soutenue dans toutes vos luttes, dans tous vos combats ?

Dieu, d'abord, à qui vous êtes restée fidèle, et dont vous avez toujours conservé la crainte et l'amour. Qui vous soutenait encore ? La pensée de votre sainte et pieuse mère, modèle des épouses, modèle des mères, que vous n'avez jamais oubliée, je le sais, et dont j'ai gardé moi-même le plus précieux souvenir. J'étais à ses derniers moments, j'ai recueilli ses dernières paroles et son dernier soupir. Il me semble encore la voir, s'endormant dans la paix du Seigneur, et puis... monter au Ciel !.... De là-haut, elle a prié pour vous, elle a suivi tous vos pas, compté tous les battements de votre cœur ; et, dans ce moment, avec son doux sourire, elle vous contemple et vous bénit.

Enfin, qui vous a soutenue ? Ai-je besoin de le dire ici ? Tout le monde ne sait-il pas que votre excellent père, dans un testament mémorable, confia votre enfance et votre jeunesse à un Magistrat (1) qui est devenu par sa science et son intégrité une des gloires du pays et en particulier de notre cité aiguillonnaise. Il a été pour vous, Mademoiselle, un bienfaiteur généreux, un père dévoué. Il a été un vrai tuteur ; un tuteur fort et inébranlable. Il a voulu, malgré tout, remplir sa tâche jusqu'à la fin : il vous a conduite jusqu'au pied du Saint-Autel ; et c'est là, en présence de tout ce peuple qui vous entoure de sa sympathie et

------

(1) M. Beaugrand, président honoraire de la Cour d'Appel d'Agen.

sous le regard de Dieu, qu'il vous remet entre les mains de Celui qui va devenir votre époux, en lui disant du fond du cœur : « Gardez ce cher dépôt avec la même sollicitude que je l'ai gardé moi-même. Ici se termine ma responsabilité, ici la votre commence. » Belle et sainte mission noblement remplie, et dont vous conserverez, Mademoiselle, une éternelle reconnaissance.

Maintenant, je vous dirai à tous les deux : Soyez pleins de confiance dans l'avenir : Dieu et Marie, dont vous êtes, Mademoiselle, l'enfant dévouée, vont répandre dans vos cœurs si bien disposés, les grâces les plus abondantes : Grâces de paix et de concorde, pour qu'il n'y ait jamais, dans votre intérieur, ni trouble, ni division; Grâce de fidélité conjugale, qui vous défendra contre l'inconstance si naturelle au cœur humain; Grâces enfin de force et de courage, pour supporter les peines et les inquiétudes qui se trouvent même dans l'union la plus heureuse : le Ciel fut-il jamais sans quelques légers nuages !

Chers Epoux, que le Seigneur vous bénisse ! qu'il vous bénisse toujours !... Et moi-même, je vous donne, de grand cœur, toutes les bénédictions que peut. donner le meilleur des amis , le plus tendre et le plus dévoué des pères.

Amour saint, amour chaste et chrétien, amour éternel, descendez sur ces deux Epoux et unissez-les à jamais sans affaiblissement et sans partage : tels sont les vœux sincères que je forme pour Vous, et que Dieu. je l'espère, voudra bien exaucer.

AMEN !

Agen, Imprimerie Veuve Lamy.